CATALOGUE

IL A ÉTÉ IMPRIMÉ
CENT-CINQUANTE EXEMPLAIRES
DE CET OUVRAGE,

Dont 100 numérotés à la presse
et 50 numérotés à la main.

Ceux de 1 à 50 sont tirés
sur papier du Japon ancien;

De 51 à 100 sur vélin de
cuve spécialement fabriqué.

— *Seuls, ces cent exemplaires
comportent, en outre du tirage
ordinaire de l'eau-forte et de
la lithographie (inédites), une
épreuve de chaque planche avant
la lettre et avec remarque.*

De 101 à 150, les volumes
sont numérotés à la main,
ils ne sont pas destinés au
commerce.

n° 134.

à mon ami Gustave Geffroy

Carrière à Gentilly

CATALOGUE

DES TRAVAUX EXPOSÉS

PAR

AUGUSTE LEPÈRE

Au Salon de la Société Nationale des Beaux - Arts, en 1908. — Du 15 Avril au 30 Juin.

PEINTURES DESSINS LIVRES

EAUX-FORTES BOIS RELIURES

PRÉFACE DE ROGER MARX

PARIS

CHEZ ANDRÉ MARTY

Rue Duroc, 24.

OU CHEZ SAGOT

39 *bis*, Rue de Châteaudun.

1908.

PRÉFACE

PRÉFACE

—

UX époques heureuses où la vocation obéissait à la loi de l'instinct, l'originalité fructifiait généreusement et empruntait, pour se manifester, les voies imprévues d'arts dissemblables. Depuis qu'une pédagogie étroite préconise l'exercice exclusif d'une technique et la culture stérile d'un genre, la personnalité n'a pas cessé de s'affaiblir, le talent de s'immobiliser ou de choir dans la virtuosité.

Contre les abus de cette spécialisation dégradante, l'œuvre de Louis-Auguste Lepère, tout entière, réagit et proteste. Ce qui la singularise d'emblée, c'est la prodigieuse richesse de sa variété ; on est déconcerté par l'obligation d'attribuer au même auteur tant de créations d'ordres distincts : des tableaux et des livres illustrés, des estampes et des reliures, des faïences et des dessins ; et la surprise ne s'abolit pas après un examen approfondi de ces travaux où l'artiste et l'artisan se complètent, se pénètrent, se totalisent de façon si insolite et si exemplaire. De là vient, j'imagine, la difficulté de situer Lepère dans l'école contemporaine ; par son indépendance même cet auto-didacte se dérobe à la classification et je ne vois guère que Bracquemond dont on le puisse, dans une certaine mesure, rapprocher.

Lorsque, à travers l'épanouissement de la production, l'analyse découvre l'unité des facultés maîtresses et la loi même de l'inspiration, il apparaît que la prééminence tient cette fois à la rencontre exceptionnelle de dons en apparence contradictoires. Chez Lepère l'audace s'accompagne de timidité, la force de tendresse ; on le dit libre, affranchi : il relève de la conscience la plus sévère, la plus malaisée à le satisfaire ; on le croit irrévocable, sinon obstiné dans son parti : son assurance ignore la quiétude et il éprouve le tourment immanent du chercheur en quête de découverte. Cet artiste traditionnel, qui renoue avec Gabriel de Saint-Aubin, par delà le romantisme et Eugène Lami,

s'avère d'autre part un novateur doué au suprême
du sens et du tact de la modernité. Cet amoureux
fervent de la nature, penché avec recueillement sur
la plus humble fleur, se double d'un imaginatif
sensible à la fiction du romancier et aux envolées
du poète. Ce confident des joies et du labeur popu-
laires se divertit dans le commerce d'Erasme et
des plus fiers esprits.

Il est à la fois du boulevard et de la plage, de
Paris et de la province; la passion de la vie, du mou-
vement, de la gesticulation le possède, et parallèlement vous le verrez convoiter la paix de la campagne,
les vastes horizons reposés et tranquilles. Son art
s'étaye sur l'observation directe et sur la mémoire
pittoresque; mais les documents colligés le long des
jours, ne sont que les auxiliaires de son invention
ardente. Que Lepère se hausse au dramatique ou
qu'il tende vers la synthèse décorative, la copie
littérale du vrai lui répugne; ce qu'il veut c'est
extérioriser son émotion, la rendre visible et com-
municative à force d'enthousiasme. S'il paraît fonciè-
rement dessinateur, le luxe de la couleur le poursuit,
l'obsède; d'ailleurs est-ce jamais assez de toutes les
ressources d'un grand savoir pour exalter le souvenir
ou le rêve? Heureux artiste, abondant sans cesse
d'être original, et qui semble prouver la puissance
d'animation du génie humain en anoblissant la
matière, en faisant de toutes ses créations le verbe
de l'esprit et de la beauté!

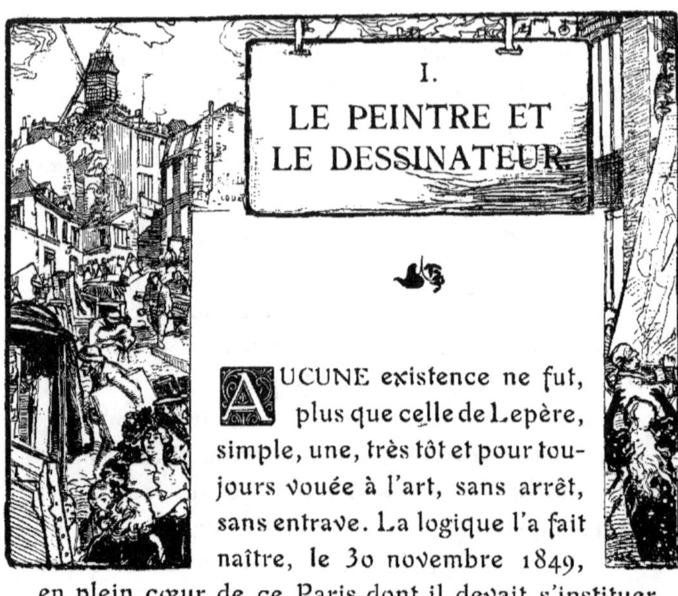

AUCUNE existence ne fut, plus que celle de Lepère, simple, une, très tôt et pour toujours vouée à l'art, sans arrêt, sans entrave. La logique l'a fait naître, le 30 novembre 1849, en plein cœur de ce Paris dont il devait s'instituer l'iconographe ; son père, grandi à l'école de Rude, était un sculpteur assez connu pour l'élégance de ses ouvrages. Dès l'âge de treize ans, Louis-Auguste entrait dans l'atelier du graveur anglais Smeeton, où il fréquentera jusqu'en 1872 ; en même temps que sa main s'assouplissait à inciser le buis et que, graduellement, de l'apprentissage il s'acheminait vers la maîtrise, sa distraction et sa joie étaient de peindre, lors des rares instants de loisir. A la première jeunesse remonte donc l'habitude de manier à la fois le burin et le pinceau, de faire parallèlement œuvre d'interprète et de créateur. Des dimanches de liberté passés sur la Butte Montmartre et aux environs de Paris, Lepère rapportait de prestes ébauches, brossées dans la séance, et les études s'ajoutant aux études, le Salon de 1870 montrait ses débuts officiels de peintre. A une époque où la vérité était une audace, les envois de Lepère tranchaient sur l'ordinaire des paysages de convention en imposante majorité. Faut-il ajouter que les honneurs de la proscription ne lui furent guère épargnés? On le devine de reste; le jury n'admet, d'ordinaire, qu'un seul de ses tableaux choisi dans la hâte, au hasard ; le *Port au charbon près de Saint-Denis* en 1873 ; *Les Joueurs de quilles de la Butte Montmartre* en 1874 ; *L'effet de soleil après l'orage* en 1875 ; mais cette même année 1875, c'est à l'exposition des refusés que se voit le *Poste de la rue des Rosiers* (où furent fusillés les généraux Clément Thomas et Lecomte). Un hommage réparateur fait maintenant figurer en bonne place, au musée Carnavalet l'ouvrage, jadis méconnu, qui valut à Lepère la sympathie précieuse de Camille Pissarro et d'Armand Guillaumin.

Ainsi le graveur ne s'est pas révélé que déjà s'affirme un paysagiste hors du commun. L'accès du Salon ne lui demeure pas moins fermé en 1876 aussi bien qu'en 1877 ; Lepère y reparaît en 1878 comme peintre, et comme graveur pour la première fois. A Fécamp, la côte et la plage, la vie active des gens de mer, les vieux bateaux, si joliment patinés par le temps, lui avaient fourni une ample matière ; d'après le dispositif et les sujets, il n'est plus niable que Eugène Isabey et Adolphe Hervier aient trouvé un continuateur, un émule ; mais, depuis le romantisme, plus d'une révolution s'est accomplie, et la

palette s'est éclaircie, comme l'attestent telles vues des
falaises diaprées par les lueurs du crépuscule, puis
cette représentation ensoleillée du *Val de Grainval*
qui rappelait les *Demoiselles de Village* de Courbet à un
juge peu faillible, l'expert Martin. La recherche de
l'ambiance, de l'éclairage exact se reconnaissent
encore dans de vastes paysages datés de Couilly-
sur-Morin (1878), dans une tendre et automnale
Entrée du Bourg de Champagne (1880), dans plusieurs
études prises aux environs de Barbizon (1880); par
elles, Lepère préludait à la suite xylogravée, de
capitale importance, dont la forêt de Fontainebleau
devait plus tard lui fournir le thème...

Pendant cette première période, l'ambition se
borne à rendre le spectacle des yeux dans la force
et la franchise de l'impression première. Si le principe de cet art affilie Lepère à l'école impressionniste,
sa manière, qui présente plus d'une ressemblance
avec celle du bon peintre Lebourg, n'adopte
pas la décomposition du ton ; Lepère établit son
paysage, sans tracé préliminaire, par grands plans ;
il ébauche et termine d'un coup, couvre sa toile de
larges touches heurtées, claires et vigoureuses.
D'ailleurs, ses visées ne tardent pas à changer ;
vers quel instant et à la requête de quelles suggestions, il importe de le dire. Las des *instantanés* dont
on le documente à foison pour l'exécution des bois
d'actualité qu'exige le *Monde illustré*, il conçoit très
vive la haine de la peinture photographique ; d'autre
part, la lente contemplation de la campagne, à Jouy-
le-Moutier, où il habite douze années durant

(1882-1893), le conduit pareillement à récuser le rôle de copiste impassible.

Ces variations ne laissèrent pas d'être très raisonnées, très voulues ; nous en possédons la preuve dans une lettre datée de 1896, fort intéressante à citer : elle expose l'évolution du paysage contemporain et apporte, par surcroît, une déposition précieuse dans le procès présentement instruit contre les abus et les errements du naturalisme.

« Tout jeune, j'avais été séduit par Manet et Claude Monet, — et je le suis encore. C'était l'époque où, quand un peintre disait : J'AI FAIT MON TABLEAU ENTIÈREMENT SUR NATURE, *on admirait. Comme de juste, j'admirais aussi. Cette fidélité obstinée n'était-elle pas le plus sûr moyen de porter atteinte à la peinture fade et morne alors en grande vogue ? Malheureusement, ainsi que tous les systèmes, celui-ci devait périr par un excès de rigueur et puis parce qu'il avait le défaut d'être à la portée de tous... L'obligation étant imposée de ne peindre que d'après nature, on perdit peu à peu le souci de composer et la notion de l'effet ; puis, l'habitude gâtant tout, on finit par ne plus regarder attentivement la nature, on peignit de « chic » d'après elle, ou on « l'imita » par son petit côté. Plus d'effets de nuit, plus d'effets fugitifs* QUI NE POSENT PAS, *plus d'effets à contre-jour, plus de petits matins, plus d'onde ensoleillée, mais des temps gris, des maisons en plein soleil, vers midi, au moment où les ombres changent peu, avec tous les détails que l'on voit trop. En effet, comme tout est beau, depuis le plus infime brin d'herbe jusqu'à l'astre radieux, il est très évident que le sacrifice ne peut s'opérer séance tenante, sur le*

terrain; il faut le temps de s'y résoudre et toute sélection commande le répit d'une réflexion longuement mûrie... Est-ce à dire que l'étude sur nature soit inutile ? Non certes ; c'est elle qui procure l'élément de toute science ; c'est sur elle que l'on FAIT SES GAMMES *; mais lorsqu'il s'agit d'un tableau, une étude ne suffit pas ; il en faut plusieurs, beaucoup ; on ne doit l'entreprendre que lorsqu'on le possède, lorsqu'on s'est livré aux travaux préalables qui permettent de l'exécuter sans souffrance... Y parviendrai-je jamais ? »*

A répudier la hâte des pratiques improvisées, à soumettre l'emploi des dons à la règle constante d'un ferme dessein, Lepère entrait en possession de cette originalité qui lui a valu, depuis la fondation de la Société Nationale des Beaux-Arts, une place spéciale parmi les peintres de plein air. L'ensemble considérable réalisé à Jouy-le-Moutier inaugure dans l'œuvre un progrès décisif. Aussi bien, jusque-là, l'occasion n'avait pas encore été donnée à Lepère de peindre son saoul de l'aurore à la nuit, ni de vivre en étroite communion avec la nature. C'est pour lui l'ère des trouvailles incessantes et d'un labeur passionné où revit le poème des saisons, les vignes verdissant les coteaux, la plaine mamelonnée de meules, la campagne voilée par les brouillards en novembre, puis endormie et comme morte sous la neige. Dans toutes ces toiles, vous ne relèverez pas la moindre défaillance à la doctrine tout à l'heure formulée ; l'agrément de la facture y est recherché avec autant de soin que l'intérêt du motif et de l'effet lumineux. Deux d'entre elles

Retour des champs.

méritent d'être tirées de pair : le lever de la lune
sur les moissons dans la *Vallée de l'Oise* (1883),
oppose aux quiètes maisons du bourg à demi enté-
nébré les champs éclairés par les chauds et doux
reflets du couchant ; *La Râpée par la neige* (1883)
montre, au travers des brumes, le quai, avec ses
péniches amarrées dans l'eau boueuse et ses débar-
deurs qui allument le feu et se chauffent ; car
Lepère ne dépeuple pas les sites qu'il représente ; le
pittoresque de l'humanité ne le retient pas moins
que celui de la nature ; chez lui, l'action anime le
décor et toujours le peintre de figures vaudra le
paysagiste. Que, dans la suite, il plante son chevalet
à Marseille, à Alger (1886), ou sur la berge de la
Seine, qu'il fasse revivre, dans leurs aspects caractéristiques, les capitales de nos vieilles provinces
— le *Mascaret*, les *Quais*, la *Gironde* à Bordeaux, le
Pont de pierre, la *Seine vue de Canteleu*, la *Rue de l'Épicerie*
à Rouen, — on ne le surprendra jamais inconséquent
avec son principe ou infidèle à la tradition romantique ; ses créations ne manquent pas de proclamer
l'affinement de l'appareil optique et l'aptitude, toujours accrue, à rendre les harmonies, les nuances,
les contrastes, — l'harmonie des feuillages dorés des
peupliers avec le lapis des eaux et l'argent des cieux
(les Bords de l'Oise, 1890), la pâleur des dernières
fumées montant en volutes lentes dans la nuit qui
tombe *(Crépuscule en Septembre*, 1891), le contraste
entre le soleil et la neige *(Paysage d'hiver*, 1892), entre
la fuite tranquille des nuages et l'agitation de la mer
en courroux *(Marines à St-Jean-de-Monts*, 1891-1896).

XI

Tout d'un coup c'en est fait de la peinture; d'autres tâches surviennent qui accaparent les énergies d'une activité toujours en mal d'invention. Des années passent sans que les Salons révèlent plus aucun tableau de Lepère. On s'étonne, on redoute un adieu définitif à l'art des préférences natives. Non pas. Les travaux où s'absorbe Lepère ne réussiront qu'à enrichir ses facultés de peintre. D'ailleurs la période qui les voit paraître est signalétique dans l'existence de l'artiste ; la connaissance de la vie et, peut-être l'expérimentation de la douleur, ont exalté la gravité d'un esprit de tout temps porté au doute, à la réflexion, aux longs repliements sur soi-même. Déjà, depuis 1891, l'habitude prise de passer les étés à Saint-Jean-de-Monts avait proposé de nouveaux sujets d'étude et l'on sait à quel point le spectacle de la mer est plus propre qu'aucun autre à révéler le sentiment de l'infini. Le peintre ne s'était pas dérobé à l'emprise de ces suggestions; son effort s'était dépensé à rendre les effets et les états d'atmosphère par où se différenciaient ces régions, hier inconnues. Tout de suite l'inclination du tempérament l'avait intéressé au drame de la nature : il s'était passionné à considérer les éléments qui semblent se défier, se mesurer dans un

duel sans fin, et ce qu'il avait évoqué, c'était la dé-
primante lourdeur de la canicule, la bourrasque
des temps de houle et d'orage, le ciel noir, mena-
çant, où tourbillonnent les nuées, l'océan déchaîné,
écumant, furieux, la rafale, puis l'éclaircie et le
rayon qui troue, timide encore, le tulle des brumes
après la tempête.

En 1903, lorsque Lepère se décide à
reprendre la palette et à participer
au Salon d'automne, chacun applau-
dit aux acquisitions de sa maturité,
et à cette extension du champ de la vision dont
avaient bénéficié les premiers tableaux signés à
Saint-Jean-de-Monts. Il n'est pas question, cela s'en-
tend, de délaisser aucun des domaines hier explorés,
et à quoi bon renoncer aux sources d'inspiration
familières, à l'Ile-de-France et à la capitale ? Le
retour de l'artiste à la peinture est inauguré par une
vue crépusculaire du *Pont-au-Change* et par une
autre du *Quai de l'Hôtel-de-Ville* sous la neige ; plus
tard il se distraira encore à deux paysages parisiens :
l'*Abreuvoir du Pont Marie* et la *Poterne des Peupliers*
(1907) ; de même il retourne en Seine-et-Oise : il
suit le dimanche les citadins égrenés sur les bords
ombragés de la rivière paisible ; il décrit les masures
délabrées des vieux villages ; il compatit à la rude
peine des ramasseurs de pommes de terre, courbés
sur le sol, pendant une riante après-midi d'octobre.
Toutes ces reprises des sujets d'antan portent trace
des avantages que confèrent des points de parallèles
nouveaux.

Sans empiéter sur l'inconnu, ni présager le terme d'une limite, alors surtout qu'il s'agit d'un maître dont les ressources ne cessent pas de se fortifier, l'heure semble maintenant venue où la réalisation touche de plus près le rêve. A travers les changements apparents l'œuvre n'en garde pas moins sa parfaite unité. Que présentent les plus récents tableaux sinon le développement logique des premiers essais, demeurés si limpides, si lumineux, si aériens, après trente années de date ? L'effort s'est poursuivi acharné vers un but invariable ; seulement la personnalité n'avait pas encore connu ce degré d'épanouissement. C'est que la sensibilité s'est affinée, que le trouble éprouvé devant la nature est devenu plus profond et plus recueilli ; c'est que l'esprit répudie la curiosité de l'original, de l'étrange pour tendre vers la simplicité et se hausser à la généralisation. Le style s'empreint de plus de sévérité ; la scène de genre tourne au tableau de mœurs (1) ; les préférences recherchent les plus fiers spectacles et les plus saisissants effets (2); l'ordonnance vise au décoratif; de certaines compositions — *Solitude* (1906), *L'Été* (1908) — vous diriez quelque nouveau « paysage historique » émané d'un artiste au choix de qui s'imposent les instants et les saisons (3)

(1) *Les Mendiants à la dernière Maison* (1904), *Retour de l'Ecole et La Saint-Martin* (1907).

(2) *Le Grain* (Musée du Luxembourg, 1904), et la suite des paysages inspirés de l'Ile d'Yeu et de l'Anse de la Meule, (1904 et 1907).

(3) Suite de couchers de soleil (1904-1905) et de paysages d'automne (1906-1907).

XIV

qui surent de tout temps parler avec le plus d'éloquence au cœur des peintres-poètes.

Chez Lepère, l'interprétation reste inséparable du sentiment et de l'idée ; il ne hait tant la virtuosité que parce que l'emportement de la main semble s'y soustraire au contrôle de la raison ; libre à l'émotion de jaillir sur l'instant, au premier regard ; mais pour dégager et fixer la beauté de la vision, il faut le lent labeur qui seul permet l'exercice du libre arbitre et de la réflexion. Avec une insistance grandissante, Lepère réclame le départ entre l'étude de primesaut et le tableau où se condensent et se résument toutes les énergies du penseur et toutes les facultés du peintre ; *étude et tableau*, dira-t-il, *relèvent de deux arts distincts, d'ordre inégal et qui fournissent sur celui qui les pratique des références de portée bien différente.* L'exemple des écoles anciennes s'accorde avec l'expérience personnelle pour dicter ces conclusions. Dès longtemps, la diversité de ses entreprises a édifié Lepère sur les lois spéciales à chaque technique ; et comment concilier le *fa presto* de nos peintres à la mode avec le goût de la matière amoureusement triturée, avec le culte diligent de l'ombre mystérieuse, avec la convoitise toujours plus passionnée de la coloration riche et puissante. Ici apparaissent le jeu des actions réflexes et le bénéfice tiré des tâches accomplies durant la période où Lepère s'est abstenu de peindre : au décor du cuir revint d'aviver la prédilection pour les tonalités somptueuses et assourdies ; et l'ornementation du livre ne laissa pas, pour sa part, de conseiller le sacrifice du détail au profit de l'unité de l'ensemble.

Cette unité, Lepère y parvient encore grâce à sa méthode de travail. Réfractaire au labeur en plein air, il peint à l'atelier d'après des dessins agrémentés de rares rehauts rappelant le ton et la valeur. *Je bénis le hasard qui m'a obligé à dessiner*, lit-on dans quelqu'une de ses lettres ; *sans le dessin je n'aurais pas appris à voir l'admirable nature, car il invite à la regarder avec plus d'attention et à en mieux jouir.* Une sertissure au bistre arrête le plan de la composition ; après seulement Lepère s'occupe de la couleur qu'il considère en elle-même, pour elle-même, afin de mieux se préparer à en rendre l'éclat ou le charme...

Dans sa production tout se lie, tout s'enchaîne et tout se tient, si bien qu'il semble peu aisé d'opérer un tri entre les dessins réalisés à titre de renseignements et ceux qui constituent des créations complètes en soi et indépendantes. La différence ne réside guère que dans le degré d'achèvement et aussi dans le rôle attribué à la polychromie ; car Lepère se promet en vain de n'employer que la sanguine, le blanc et le crayon noir ; la fascination de la couleur triomphe de sa volonté et elle l'induit à parer du luxe du ton harmonieux la linéature de la construction savante. Un fait reste acquis : en regard de l'œuvre peint et des tableaux un autre œuvre se place, égal en prestige, plus riche par le nombre et qui comprend des aquarelles, des pastels, des dessins, de dimensions, de facture, de technique, dissemblables à l'extrême.

XVI

Ainsi qu'il était arrivé jadis pour Eugène Boudin, le voisinage de l'Océan fit Lepère pastelliste. Aussitôt à Saint-Jean-de-Monts, l'adaptation judicieuse des moyens à la fin désigne le mode d'expression graphique le plus apte à saisir ce que le nuage et la vague offrent, selon Baudelaire, d'inconsistant et d'éphémère dans leurs contours et leurs nuances. Ces brèves indications ne seront pas sans seconder la mise au jour de plus d'un tableau ; *on peint d'après le pastel comme d'après nature sans que le trompe-l'œil soit possible,* remarque Lepère, *et alors il faut bien satisfaire à la loi de l'interprétation qui seule rend l'œuvre viable.* Agrandie ou complétée à loisir, telle improvisation, datée de Saint-Jean-de-Monts ou de Paris, deviendra l'ouvrage admis à l'honneur de la montre publique. En 1894, la Bodinière groupe plusieurs de ces pastels et la faveur décidée de l'élite les accueille ; là figuraient la *Nuit sur le quai* de la collection Sainsère, l'*Estacade* que possède M. Georges Moreau ; autour c'était des levers de lune, des crépuscules, enfin, surprises dans le contraste de leurs jeux fugitifs, toutes les magies, toutes les féeries de la mer et du ciel.

Tandis que le pastel n'est cultivé qu'occasionnellement, dans la hâte de dérober le secret et de fixer le souvenir d'une vision instantanée, l'aquarelle a séduit Lepère dès l'heure de ses premiers débuts et il s'y est adonné presque sans intermittence. Ne redoutez pas qu'il en tire le parti habituel ou qu'il se complaise aux adresses, aux joliesses et aux minuties

dont se régale la myopie courante des amateurs. S'il
lui arrive de pousser quelque peu son travail, c'est
sans désir de plaire, sans intention préconçue,
inopinément, au cours de l'exécution qui, malgré
lui, l'entraîne ; aussi bien ces notes prises pour lui-
même n'ont d'autre but que de consigner le motif
d'un tableau, d'une illustration, d'une estampe, et
l'élan de la spontanéité leur confère le plus sûr de
leur prix. Il est rare que le lavis dont elles se parent
couvre un bristol immaculé ; d'ordinaire les teintes
se répartissent selon les indications d'un croquis
préalable. Mais est-ce bien d'aquarelle qu'il s'agit
lorsque la gouache intervient pour une si large part
et qu'on la voit opposer l'opacité à la transparence,
accuser le contraste entre la densité de la matière
et la fluidité de l'enveloppe impalpable ? N'insistons
pas : la prétention serait vaine de vouloir ranger
dans une catégorie établie des ouvrages où les
procédés les plus divers se concilient, se com-
binent, se surajoutent, afin d'atteindre l'intensité de
l'expression et de l'effet à quoi Lepère vise sans
répit.

L'appellation générique de « dessins rehaussés »
suffira à les qualifier ; ils jalonnent tout l'œuvre ;
l'ensemble en est constitué par la suite des impres-
sions recueillies au fil de l'heure qui fuit, à Paris et
dans la banlieue, à la campagne et à la mer, pendant
les excursions et les voyages, partout où Lepère a
séjourné, vécu, passé. On en ignore le plus grand
nombre ; quelques-uns ont paru, ici et là, à l'ancien
Salon du Palais de l'Industrie (1877), et aux récents

Amsterdam.

Salons d'automne (1903-1907), aux expositions des
peintres-graveurs (1890-1897), et hier à la vitrine
d'Edmond Sagot. Deux séries typiques se classent
à part dans la mémoire, et je ne songe pas, en cet
instant, aux paysages caractéristiques rapportés de
Marseille, de Rouen (1), d'Amiens (2) ; ma pensée
remonte à l'Exposition de 1889 et à ses chantiers de
construction devenus pour Lepère l'objet d'études
appelées à porter témoignage devant l'avenir ; rien
ne l'a embarrassé : ni l'enchevêtrement des poutres
et des échafaudages, ni l'architecture de fer dressant
dans l'air le squelette de son armature ajourée ; la
certitude et l'aisance signalent ces notes prises à
la volée, sans équerre ni compas, et qui joignent
l'exactitude de l'épure aux séductions d'un métier
souverainement personnel et libre. La seconde
série présente, à notre jugement, plus d'importance
encore ; la Vendée l'a inspirée (1903-1908) ; longuement Lepère s'attarde à contempler le flux et le
reflux, la mer barrant le ciel, la dune sauvage et la
grève où la vague monotonement déferle ; puis il est
pris de lassitude, le désir de changement l'envahit,
il fuit l'océan ; le voici par les prairies et par les bois,
arpentant la route, en observation devant le marais,
devant la ferme basse et la pauvre chaumine ; à la
traversée du hameau, son pas se ralentit : il dévisage
le paysan et discerne ce qui demeure, à travers les
âges, immuable dans le geste rustique. Il s'aventure
plus loin et une particulière attirance le ramène à

(1) *La Cathédrale de Rouen* (1888).
(2) *La Ruelle de l'Hôtel-de-Ville, Le Quai des Tanneurs* (1908).

l'île d'Yeu, désolée avec l'amas terrifiant de ses rocs superposés, riante avec son oasis de fraîche verdure, à l'île hospitalière qui offre aux bateaux, dans l'anfractuosité des récifs, l'asile de son anse, le sûr refuge de ses eaux tranquilles et bleues...

Maintenant veut-on connaître comment procède Lepère? Il erre au caprice de l'humeur; un aspect le frappe, un point de vue le séduit; brusquement il s'arrête et, debout, il dessine sur un carton rigide, en proie à l'émotion du premier ravissement, sans laisser à l'enthousiasme le temps de tiédir. A Dieu ne plaise qu'il s'encombre de l'attirail ordinaire du peintre, si lent à déployer; *la nature veut être surprise et aimée sans apprêts*, a-t-il coutume de penser...

C'est l'intérêt de ces ouvrages de faire apparaître le progrès de l'artiste dans son dernier état; ils corroborent ce qui fut avancé plus haut sur sa peinture, et ce que l'on doit étendre à tout son art, — à son dessin surtout; ils déterminent l'étape parcourue; ils enseignent comment la vue chaque jour plus planante a conduit l'observation du particulier à l'universel. La prédilection s'y affirme pour les panoramas, pour les vastes perspectives et les horizons lointains où la plaine déroule ses ondulations harmonieusement rythmées; l'ombre et la lumière se localisent et y jouent avec plus de véhémence ; le métier de son côté aboutit à des définitions abrégées, synthétiques ; et c'est ainsi que le dessin de Lepère, facile, aimable à son origine, s'est transformé, avec le temps, en un dessin mâle, pourvu d'ampleur, qui rejoint dans nos préférences le dessin des maîtres de l'impression moderne, le dessin de François Daubigny et de Johann Barthold Jongkind.

E *chapitre sur* LEPÈRE, PEINTRE ET DESSI-NATEUR, *est le premier d'un travail qui comprend comme chapitres complémentaires :* II. — LE GRAVEUR SUR BOIS, L'AQUAFORTISTE ET LE LITHOGRAPHE ; III. — L'ORNEMENTATION DU LIVRE ET LE DÉCOR DE LA MATIÈRE. *Si l'étendue de cette notice n'a pas permis sa publication in-extenso en tête d'un simple catalogue, on en trouvera le texte intégral dans la « Gazette des Beaux-Arts ». ○ ○ ○ ○ Voici le paragraphe final de cette étude :*

EL est l'emploi varié que reçurent tant de dons réunis, comme par miracle, chez un artiste d'exception. La discipline s'en est trouvée réglée par une volonté lucide et par un esprit aiguisé et subtil. A mesure que les années passent, Lepère se libère, s'émancipe ; il oublie l'acquis pour retrouver l'ins-

tinct; le matériel devient, selon le mot de Renan,
le serf du spirituel; plus il se conquiert et se
possède, plus il monte, plus il domine. A cette
ascension de son talent l'invitent, et l'aspiration
constante vers un plus large idéal, et les révoltes
que provoquent chez lui les erreurs du préjugé et
les engouements de la mode. Toute vérité nouvelle,
admise sans conteste, n'est-elle pas suspecte ? En
plein triomphe de l'impressionnisme, la peinture
de Lepère se distingue et se recommande par des
mérites d'ordre plutôt romantique; quand la couleur
communément l'emporte, le dessin reste la clef et
la probité de son art; ses eaux-fortes ne le cèdent
ni pour le style, ni pour le caractère à l'eau-forte
des maîtres; il a régénéré la gravure sur bois et
offert le premier exemple d'un dessinateur-tailleur
de buis chez qui la puissance de l'idée égale l'au-
torité de l'interprétation; par le goût, par l'art et
par un sens inusité de la convenance typographique,
ses livres illustrés s'imposent comme les plus beaux
de notre époque, et je ne vois pas ce que le passé
peut opposer de comparable à cet extraordinaire
A Rebours; ses cuirs incisés et polychromés ont inauguré un genre et marqué une date dans les fastes de
la reliure; partout il a innové, et partout il a fait
école.

Sans attache et sans rival, Lepère constitue une
des unités essentielles de l'art moderne, une de ses
forces les plus représentatives et les plus riches;
sa place est parmi les élus auxquels fut réservé le
privilège de l'expression forte et de la réalisation

possible sous des espèces multiples : l'âme et les
fièvres de notre temps palpitent et frémissent en lui,
et cependant le spectacle de son œuvre fait refluer
le souvenir vers les primitifs ignorés et illustres,
humbles gens de métier à leur début, qui s'élevèrent,
de degré en degré, jusqu'aux plus nobles sommets
de l'art et de la pensée.

ROGER MARX.

XXV

LES PEINTURES

Grandes nuées orageuses.

LES PEINTURES

Nᵒˢ 1.

LE POSTE DE LA RUE DES ROSIERS. MONTMARTRE, 1875. Maison où les généraux Clément-Thomas et Lecomte furent fusillés.

Appartient au musée Carnavalet.

Nᵒˢ 2.

L'OISE PAR GRAND VENT,
LE LAVOIR DE JOUY-LA-FONTAINE. (S.-ET-O.).

App. à M. Roger Marx.

N° 3.

A GAILLONNET. (SEINE-ET-OISE).

—

N° 4.

CIMETIÈRE ARABE.
MOSQUÉE DE SIDI ABD-ER-RAHMAN, ALGER.

—

N° 5.

QUARTIER DE LA CASBAH.
ALGER.

—

N° 6.

LE QUAI DE L'HOTEL-DE-VILLE
VU DU QUAI AUX FLEURS. EFFET DE NEIGE.

App. à M. Lotz-Brissonneau.

—

N° 7.

ANCIEN ABREUVOIR A MONTMARTRE.
1875.

App. à M. le comte Mathéus.

N° 8.

VALLÉE DE JOUY-LE-COMTE.
(SEINE-ET-OISE).

—

N° 9.

LES DEUX MAISONS,
A VAUX. (S.-ET-O.).

—

N° 10.

LE PETIT COTEAU, EN JUIN.
JOUY-LA-FONTAINE. (S.-ET-O.).

—

N° 11.

PÉNICHES AMARRÉES
AU QUAI DE LA RAPÉE.
EFFET DE NEIGE.

App. à M. Alfred Douault.

—

N° 12.

LA CABANE DU CANTONNIER.
LA PLAINE APRÈS LA PLUIE. (S.-ET-O.).

N° 13.

LES MEULES DE PAILLE.
VALLÉE DE L'OISE, A JOUY-LA-FONTAINE.

App. à M. Lotz-Brissonneau.

—

N° 14.

A JOUY-LA-FONTAINE.
NEIGE ET SOLEIL.

App. à M. Bollaërt.

—

N° 15.

LE CHAMP D'AVOINE.

—

N° 16.

MOISSONS MURES SOUS LE CIEL GRIS.

—

N° 17.

ÉGLISE St-GERVAIS – St-PROTAIS ET LE QUAI DE L'HOTEL-DE-VILLE.
NEIGE ET SOLEIL.

App. à M. Lonquety.

N° 18.

LE MOULIN DU PÈRE MARMAS.
OISÈME, ENVIRONS DE CHARTRES.

App. à M. Roger Marx.

—

N° 19.

LA RIVIÈRE APRÈS L'ORAGE.
BORDS DE L'OISE.

App. à M. Aubry.

—

N° 20.

GRANDES NUÉES ORAGEUSES.

—

N° 21.

LES BARQUES.
EFFET DU SOIR, TEMPS NUAGEUX.

—

N° 22.

HARENGS SAURS ET OBJETS DIVERS.
NATURE MORTE.

App. au Musée national du Luxembourg.

N° 23.

CLAIR DE LUNE SUR LA PLAGE.
SAINT-JEAN-DE-MONTS.

—

N° 24.

LE DIMANCHE SUR LA PLAGE.
LE BAIN DES MARAICHINS.
(VENDÉE).

App. à M. Olive.

—

N° 25.

CABANE AUX COCHONS.
REFLETS DU COUCHANT. (VENDÉE).

—

N° 26.

MARÉE MONTANTE.
TEMPS CALME.

—

N° 27.

LE TROU DU DIABLE.
ILE D'YEU. (VENDÉE).

N° 28.

LA GUINGUETTE.
CHAMP DE MANŒUVRES D'ISSY, UN JOUR
DE REVUE.

—

N° 29.

DÉPART POUR LA PÊCHE.
L'EMBRASEMENT DU COUCHANT.

—

N° 30.

A LA FOIRE DE SAINT-JEAN-DE-MONTS.
ESQUISSE DU TABLEAU.

—

N° 31.

LA VALLÉE DE VAUREAL,
EN HIVER.

—

N° 32.

LA PLAGE A MARÉE BASSE.
TEMPS GRIS.

N° 33.

SUR LE PONT AU CHANGE.
EFFET DE CRÉPUSCULE.

App. à M. Lotz-Brissonneau.

—

N° 34.

LE SOLEIL SE COUCHE EN MER.

—

N° 35.

ROSES ET PORCELAINES DE CHINE.
NATURE MORTE.

—

N° 36.

LES GRANDES LAMES.

App. à M. Olive.

—

N° 37.

AU BORD LE L'OISE.
FEMME EN BLEU.

A LA FOIRE DE SAINT-JEAN-DE-MONTS,

ESQUISSE.

Religieuses.

Les Mendiants.

N° 38.

LES MENDIANTS
A LA DERNIÈRE MAISON.
REFLETS DU COUCHANT. (VENDÉE).

—

N° 39.

PARIS, LA MONTAGNE Ste-GENEVIÈVE
ET LA SEINE,
VUES DU PONT D'AUSTERLITZ.

L'une des frises exécutées pour une salle
des Beaux-Arts à l'Exposition Universelle de Liège.

N° 40.

LE SOLEIL AU DÉCLIN.
VIEILLE BOURINE. (MARAIS DE VENDÉE).

App. à M. Gabriel Hanotaux.

—

N° 41.

L'ARC-EN-CIEL.
MARAIS VENDÉEN.

App. à M. Petit-Didier.

—

N° 42.

CHEMIN DANS LES VIGNES.
JOUY-LA-FONTAINE.

App. à M. Demange.

—

N° 43.

LE VIEUX MÉTAYER
ET SA JEUNE BONNE.
DIMANCHE DANS LA DUNE. (VENDÉE).

—

N° 44.

CHRYSANTHÈMES ET OBJETS DIVERS.
NATURE MORTE.

App. au Docteur R. Sabouraud.

N° 45.

LAPINS DE GARENNE.
NATURE MORTE. (ÉTUDE).

—

N° 46.

RIVE DORÉE.
BORDS DE L'OISE.

—

N° 47.

LE PORT DE LA MEULE.
(ILE D'YEU).

App. à M. Georges Peignot.

—

N° 48.

LE CHASSEUR.
DUNES DE ST-JEAN-DE-MONTS.

—

N° 49.

LA MAISON BLANCHE.
VILLAGE DE JOUY-LE-MOUTIER. (S.-ET-O.)

N° 50.

APRÈS L'ONDÉE,
RAMASSEURS D'AIGUILLES DE PINS.
DUNES DE ST-JEAN-DE-MONTS.

—

N° 51.

LA SOURCE.

App. à M. Lotz-Brissonneau.

—

N° 52.

LE PONT-NEUF,
LA NUIT.

—

N° 53.

L'ÉTÉ.
FRAICHEUR DE L'OMBRE.

—

N° 54.

DANS LA DUNE DE St-JEAN-DE-MONTS.
BRUMES DE NOVEMBRE.

N° 55.

SOUS LES GRANDS ARBRES.
ÉTÉ.

—

N° 56.

LES GEAIS.
NATURE MORTE.

—

N° 57.

LES TULIPES.
NATURE MORTE.

—

N° 58.

LE GOUTER.
NATURE MORTE.

—

N° 59.

GROS TEMPS.
App. au Musée national du Luxembourg.

N° 60.

LE VILLAGE DE VAURÉAL.
NOVEMBRE.

—

N° 61.

LA SEINE VUE DU PONT DE SÈVRES,
EN HIVER.

—

N° 62.

AUTOMNE.
RAISINS, CHRYSANTHÈMES, OBJETS DIVERS.
NATURE MORTE.

App. à M. Sagot.

—

N° 63.

SOUS LES PINS.
LA LECTURE, FEMME AU COLLET ROUGE.

LES
DESSINS

LES DESSINS
ET
CROQUIS

AQUARELLES
& GOUACHES
PASTELS

N° 64.

E NOUVEAU «GRAND-PONT»
A ROUEN, PENDANT SA
CONSTRUCTION. VUE PRISE
DE L'ANCIENNE PASSERELLE. 1886.
Dessin un peu gouaché.

App. à M. Roger Marx.

—

N° 65.

LA NUIT SUR LE QUAI, PARIS.
Pastel.

App. à M. Olivier Sainsère.

N° 66.

COUCHER DE SOLEIL
DANS LA GRANDE DUNE.
Gouache et Pastel.

—

N° 67.

SOUS BOIS.
Dessin.

—

N° 68.

COUCHER DE SOLEIL
DERRIÈRE LES ARBRES.
Dessin.

—

N° 69.

CHAMP DE BLÉ.
ST-JEAN-DE-MONTS.
Gouache.

App. à M. Caressa.

—

N° 70.

GIBOULÉES DE PRINTEMPS.
CRÈVECŒUR. (OISE).
Dessin aquarellé.

App. à M. Caressa.

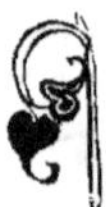

N° 71.

LA ROUTE DE CHALLANS.
NOVEMBRE.
Dessin rehaussé de pastel.

App. à M. Caressa.

—

N° 72.

ROUTE DE ST-JEAN-DE-MONTS.
Pastel.

App. à M. Caressa.

—

N° 73.

ROCHERS.
PRÈS DU PORT DE « LA MEULE ».
Dessin rehaussé.

—

N° 74.

L'AUTOMNE.
Peinture à l'essence.

—

N° 75.

UNE RUE DE GENTILLY.
Gouache.

App. à M. Sagot.

N° 76.

LE HAVRE. 1886.
Aquarelle.

App. à M. Moreau-Nélaton.

—

N° 77.

PORTRAIT DE MON AMI LOTZ.
Dessin rehaussé en noir et rouge.

Cadre en bois sculpté de Gaston Schnegg.

App. à M. Lotz-Brissonneau.

—

N° 78.

PORT JOINVILLE.
Dessin gouaché.

App. au Musée national du Luxembourg.

—

N° 79.

SOLEIL COUCHANT.
Dessin.

App. à M. Gabriel Hanotaux.

—

N° 80.

LES ROULOTTES.
Gouache.

App. à M. Raoul Pugno.

N° 81.

LA MER SE BRISE SUR LES ROCHERS.
Gouache.

App. à M. Delpeuch.

—

N° 82.

LA CHAUMIÈRE.

Aquarelle.

App. à M. Lotz-Brissonneau.

—

N° 83.

GRAND VENT.
AU CHAMP-GAILLARD.
Dessin.

App. à M. Petit-Didier.

—

N° 84.

PRINTEMPS.
Dessin rehaussé.

App. à M. Descaves.

—

N° 85.

LA ROUTE DANS LES PINS.
Gouache.

App. à M. Delpeuch.

N° 86.

LES MASURES DANS LA PLAINE.
AOUT.
Pastel.

App. à M. Petit-Didier.

—

N° 87.

DANS LA FORÊT DE PINS.
Pastel.

App. à M. Lotz-Brissonneau.

—

N° 88.

A LA PORTE BRANCION. PARIS.
Dessin gouaché,

App. à M. Lotz-Brissonneau.

—

N° 89.

INTÉRIEUR DE TISSERANDS.
Dessin rehaussé de couleurs.

App. à M. Lotz-Brissonneau.

—

N° 90.

LE SOIR, AU BORD DE LA MARE.
Dessin en noir et rouge.

App. à M. Lotz-Brissonneau.

N° 91.

AU BORD DU CHEMIN.
MARAIS DE VENDÉE.
Dessin rehaussé.

App. à M. Lotz-Brissonneau.

—

N° 92.

LE PORT DE « LA MEULE ».
Aquarelle.

—

N° 93.

ROUTE DANS LE MARAIS VENDÉEN.
EN AOUT.
Pastel.

App. à Madame Le Garrec.

—

N° 94.

LES COTEAUX DE GENTILLY.
Dessin aquarellé.

App. à M. Villebœuf.

—

N° 95.

LES ARBRES PENCHÉS.
ST-JEAN-DE-MONTS.
Gouache et Pastel.

N° 96.

BORDS DE LA «VIE».
(VENDÉE).
Dessin rehaussé de pastel.

App. à M. A. Beurdeley.

—

N° 97.

LES TISSERANDS.
Dessin rehaussé.
Appartient au Musée national du Luxembourg.

—

N° 98.

UN CANAL A AMIENS.
Gouache.

—

N° 99.

JOUEUR DE BINIOU.
(VENDÉE).
Dessin aquarellé.

—

N° 100.

LE PUITS DANS LA DUNE.
Gouache.

App. à M. Petit-Didier.

LES PINS

N° 101.

ÉTÉ DE LA SAINT-MARTIN.
Peinture à l'essence.

App. à M. Barrier.

N° 102.

LES BLÉS MURS.
Gouache.

App. à M. Petit-Didier.

N° 103.

GELÉE BLANCHE.
ST-JEAN-DE-MONTS.
Pastel.

App. à M. Petit-Didier.

N° 104.

CHEMIN CREUX DANS LE MARAIS.
Étude pour le tableau « L'Arc-en-Ciel ».
Dessin un peu rehaussé de couleur.

App. à M. Brunel.

—

N° 105.

RUE DU POT-AU-LAIT.
Dessin aquarellé.

App. à M. Sagot.

—

N° 106.

CHEMIN CREUX.
SOLEIL APRÈS LA PLUIE.
Peinture à l'essence.

—

N° 107.

LE VIEUX PÊCHEUR.
Étude pour le tableau.
Dessin aquarellé.

—

N° 108.

BOURINE DANS LES PETITS ORMEAUX.
Dessin en noir et rouge.

N° 109.

ÉTUDE POUR L'ARC-EN-CIEL.
Peinture à l'essence.

App. à M. Marcel Guérin.

—

N° 110.

L'ORAGE SE FORME.
EFFET DE SOLEIL.
Pastel.

App. à M. Petit-Didier.

—

N° 111.

LES PINS.
Dessin en noir et rouge.

—

N° 112.

LE MATIN, MARINE.
Gouache.

—

N° 113.

RUELLE DE L'HOTEL-DE-VILLE.
AMIENS.
Dessin rehaussé d'aquarelle.

App. à M. Petit-Didier.

N° 114.

CHEMIN BORDÉ D'ORMES.
Dessin un peu rehaussé de couleur.

—

N° 115.

JEUNE VENDÉEN.
Dessin.

—

N° 116.

LA CABANE AU COCHON.
Dessin.

—

N° 117.

LE ROY, HORLOGER,
PRÉPARANT SA SOUPE.
Dessin.

—

N° 118.

CARRIÈRES PRÈS D'ARCUEIL.
Aquarelle.

N° 119.

PASSAGE MORET, PARIS.
Dessin gouaché.

App. à M. Lucien Schnegg.

—

N° 120.

RELIGIEUSES.
Dessin.

—

N° 121.

LA PETITE CHAPELLE.
ILE D'YEU.
Dessin gouaché.

—

N° 122.

SAINT-JEAN-DE-MONT.
SOLEIL DE DÉCEMBRE.
Peinture à l'essence.

App. à M. Fix-Masseau.

—

N° 123.

SOLEIL COUCHANT.
Pastel.

N° 124.

LA ROULOTTE A LE ROY, HORLOGER.
Dessin aquarellé.

—

N° 125.

DUNE DÉSOLÉE.
Dessin rehaussé.

App. à M. Camille Lefèvre.

LES
GRAVURES

V
ENDÉMIAIRE.

LES GRAVURES

N° 126.

OINTE DE L'ILE ST-LOUIS, LE QUAI DE L'HOTEL-DE-VILLE, LE MARCHÉ AUX POMMES. 
Eau-forte.

App. à M. Petit-Didier.

—

N° 127.

CARRIÈRES D'AMÉRIQUE.

App. à M. Lotz-Brissonneau.

N° 128.

MARCHANDES DE POISSONS,
RUE PIROUETTE.

—

N° 129.

LE MAT DE COCAGNE,
RUE GALANDE.
Eau-forte et Aquateinte.

App. à M. Petit-Didier.

—

N° 130.

LE MARCHÉ AUX POMMES.
GRANDE PLANCHE.
E.-F.

App. à M. Petit-Didier.

—

N° 131.

RETOUR DE GREENWICH,
LA NUIT.

—

N° 132

SUR LES TOITS
PRÈS DE NOTRE-DAME.

N° 133.

APPEL DES BALAYEURS, LA NUIT.
Eau-forte et Aquateinte.

—

N° 134.

CITÉ DE CHIFFONNIERS.
(CITÉ DORÉ).
E.-F.

—

N° 135.

VUE DE JOUY-LE-MOUTIER.
App. à M. Lotz-Brissonneau.

—

N° 136.

LA VALLÉE DE L'OISE.

—

N° 137.

LE VERGER.

—

N° 138.

STATION D'OMNIBUS A VAUGIRARD.

N° 139.

CHEMIN CREUX A VAURÉAL.
Eau-forte et Aquateinte.

—

N° 140.

AUX FORTIFICATIONS,
PORTE DE VERSAILLES.
E.-F.

App. à M. Petit-Didier.

—

N° 141.

ROUTE DE BILLANCOURT.
App. au Musée national du Luxembourg.

—

N° 142.

LA SEINE
A L'EMBOUCHURE DU CANAL.
PARIS.

—

N° 143.

QUARTIER JUIF A AMSTERDAM.
App. à M. Lotz-Brissonneau.

Les toits de Saint-Séverin.

N° 144.

DÉBARDEUR, QUAI DE LA GARE.

—

N° 145.

LES TOITS DE SAINT-SÉVERIN.
App. à M. Lotz-Brissonneau.

—

N° 146.

VUE DU PORT DE « LA MEULE ».

N° 147.

ENTERREMENT AU MARAIS VENDÉEN.

Société des Amis de l'Eau-Forte.

—

N° 148.

LA MAISON NEUVE.

App. à M. Lotz-Brissonneau.

—

N° 149.

LE PONT-NEUF.

App. à M. Petit-Didier.

—

N° 150.

DIMANCHE AU CABARET.
SAINT-JEAN-DE-MONTS.

—

N° 151.

LE «NYSS» A AMSTERDAM.
Pointe sèche.

N° 152.

LA FOIRE DE St-JEAN-DE-MONTS.
E.-F.

—

N° 153.

BORDS DE L'AMSTEL.
ENVIRONS D'AMSTERDAM.

App. à M. Lotz-Brissonneau.

—

N° 154.

VIEILLE BOURINE
A SAINT-JEAN-DE-MONTS.

App. à M. Petit-Didier.

—

N° 155.

SOUS BOIS A LA « RIGONETTE »
(VENDÉE).

—

N° 156.

MOULIN DES « CHAPELLES ».

—

N° 157.

BORDS DE LA SOMME A AMIENS.

Nº 158.

L'ARCHITECTE GEORGES LAFONT,
D'APRÈS H. BERTEAUX.
Épreuve obtenue par la superposition
d'une eau-forte à un bois.

—

Nº 159.

RUE DE LA MONTAGNE-STE-GENEVIÈVE.

App. à M. Dunthorne.

—

Nº 160.

LA CATHÉDRALE D'AMIENS.
L'INVENTAIRE.

App. à M. Dunthorne.

—

Nº 161.

LA PETITE MARE.

App. à M. Sagot.

Le Bain des Nymphes.

N° 162.

LA SEINE AU PONT D'AUSTERLITZ.

—

N° 163.

RUE DE LA MONTAGNE STE-GENEVIÈVE.

—

N° 164.

ROUEN ILLUSTRÉ.
Frontispice.

—

N° 165.

SORTIE DU PARLEMENT
(LONDRES).
App. au Musée national du Luxembourg.

—

N° 166.

RAMASSEURS DE SABLE AU HAVRE.

N° 167.

TOUR DE LA GROSSE HORLOGE.
ROUEN.

L'Illustration.

—

N° 168.

CATHÉDRALE DE ROUEN.
App. à M. Lotz-Brissonneau.

—

N° 169.

ROCHER CUVIER CHATILLON.
« LA FORÊT DE FONTAINEBLEAU ».

—

N° 170.

VALLÉE DE FRANCHARD.
« LA FORÊT DE FONTAINEBLEAU ».
App. à M. Petit-Didier.

—

N° 171.

BRULEURS DE FOUGÈRES.
« LA FORÊT DE FONTAINEBLEAU ».

—

N° 172.

LE MATIN,
CARREFOUR DES FORTS DE MARLOTTE.
« LA FORÊT DE FONTAINEBLEAU ».

Mars.

N° 173.

PARISIENNES SENSATIONS.
(JANVIER).
Camaïeu.

—

N° 174.

COUPEURS DE BOUTS DE CIGARES.
Bois en couleurs.

—

N° 175.

PARIS SOUS LA NEIGE.
VUE PRISE DE L'ÉGLISE ST-GERVAIS—ST-PROTAIS.

N° 176.

BOULEVARD PRÈS LA PORTE St-DENIS.
LE MATIN.

—

N° 177.

LA RUE DES BARRES.
PARIS.

App. à M. Petit-Didier.

—

N° 178.

PETIT BRAS DE LA SEINE,
AU PONT SAINT–MICHEL.

—

N° 179.

RETOUR du BOIS, PLACE de L'ÉTOILE.
« Harper's Magazine ».

—

N° 180.

PARIS,
VU DU PAVILLON DE FLORE.

—

N° 181.

LA MONTAGNE SAINTE-GENEVIÈVE,
VUE DE L'ESTACADE DE L'ILE SAINT-LOUIS.

N° 182.

LE BASSIN DES TUILERIES.
Gravure en trois tons, planches repérées.

—

N° 183.

LE BAIN DES NYMPHES.
Bois au canif.

—

N° 184.

LE GUEUX DES CAMPAGNES.
Bois au canif.

—

N° 185.

LA RONDE.
DIMANCHE AUX FORTIFICATIONS.
Gravure en plusieurs planches de couleur.

App. à MM. Manzi et Joyant.

—

N° 186.

LE CENTAURE.
Bois au canif.

—

N° 187.

ABREUVOIR DERRIÈRE NOTRE-DAME.
« Scribner's Magazine ».

N° 188.

PROCESSION DE LA FÊTE-DIEU
A NANTES.
Gravure en couleurs, 4 planches repérées.

App. à M. Lotz-Brissonneau.

N° 189.

FRAGMENT DE L'AFFICHE
DES AMIS DES ARTS DE NANTES.

N° 190.

LES VAGUES.
Gravure en deux planches imprimées
en couleurs à l'eau.

App. à M. Sagot.

N° 191.

LE PORT DE NANTES.
Gravure en deux planches.

App. à M. Lotz-Brissonneau.

N° 192.

FIN DE JOURNÉE.
Camaïeu.

« L'Art et les Artistes ».

ANS L'ILE DE
GRENELLE

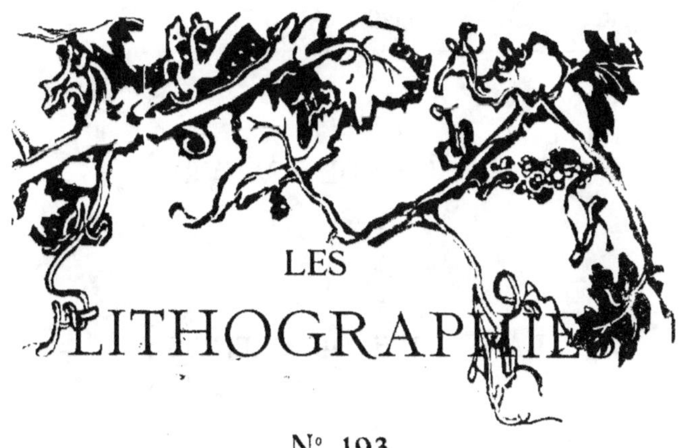

LES

LITHOGRAPHIES

N° 193.

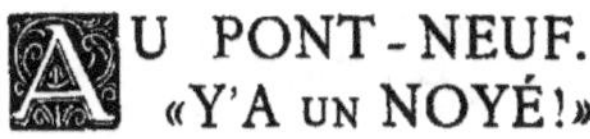
U PONT - NEUF.
«Y'A UN NOYÉ!»

—

N° 194.

LES LAVOIRS, ILE SAINT-LOUIS.

—

N° 195.

A LA GUINGUETTE.
Epreuve en deux tons.

—   

N° 196.

L'HOMME A L'ÉCHIQUIER.
BORDS DE LA SEINE.

N° 197.

LA SOUPE DES PAUVRES.

—

N° 198.

DANS L'ILE DE GRENELLE.

—

N° 199.

LA SOURCE.

—

N° 200.

LE DÉBARDEUR DORMANT.
Epreuve en deux tons.

—

N° 201.

LE LUNDI.
DOUX REPOS.
Épreuve en deux tons.

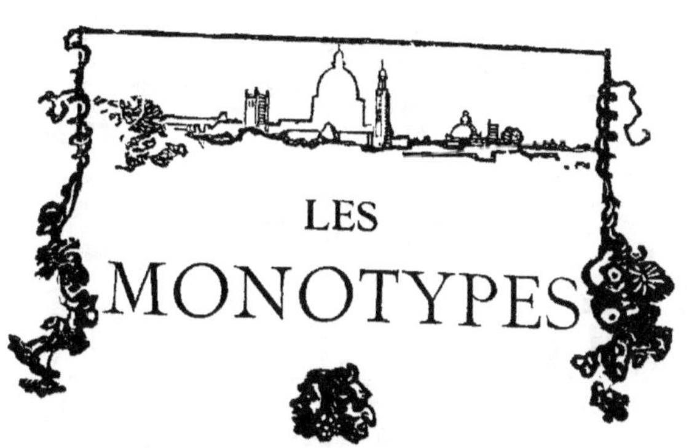

LES MONOTYPES

N° 202.

LE ROCHER BATTU
PAR LES FLOTS.

—

N° 203.

LE TORRENT.

—

N° 204.

L'ARC-EN-CIEL.

—

N° 205.

LE RUISSEAU
AU PIED DE LA MONTAGNE.

N° 206.

CRÉPUSCULE.

—

N° 207.

L'ILE INACCESSIBLE.

—

N° 208.

LE VENT SUR LA FORÊT.

—

N° 209.

LA TEMPÊTE.

LES LIVRES
ET
LES RELIURES

II.

PRÈS la vente de ses biens, des Esseintes garda les deux vieux domestiques qui avaient soigné sa mère et rempli tout à la fois l'office de régisseurs et de concierges du château de Lourps, demeuré jusqu'à l'époque de sa mise en adjudication inhabité et vide.

Il fit venir à Fontenay ce ménage habitué à un emploi de garde-malade, à une régularité d'infirmiers distribuant, d'heure en heure, des cuillerées de potion et de tisane, à un rigide silence de moines claustrés, sans communication avec le dehors, dans des pièces aux fenêtres et aux portes closes.

Le mari fut chargé de nettoyer les chambres et d'aller aux provisions, la femme, de préparer la cuisine. Il leur céda le premier étage de la maison, les obligea à porter d'épais chaussons de feutre,

« A Rebours ».

LES
LIVRES

N° 210.

AYSAGES PARISIENS.

o o o o E. GOUDEAU.

40 bois, 5 eaux-fortes.

Imp. p. H. Beraldi, 1894.

App. à M. Borderel.

—

N° 211.

PARIS AU HASARD.

G. MONTORGUEIL.

223 bois.

Imp. p. H. Beraldi, 1895.

N° 212.

PARIS-ALMANACH.
CH. MORICE.
16 bois.
Imp. p. E. Sagot, 1897.

—

N° 213.

DIMANCHES PARISIENS.
LOUIS MORIN.
62 eaux-fortes.
Imp. p. Conquet, 1898.

—

N° 214.

FOIRES ET MARCHÉS NORMANDS.
JOSEPH L'HOPITAL.
49 eaux-fortes.
Imp. p. la « Société Normande du Livre illustré ».
1898.

—

N° 215.

PAYSAGES ET COINS DE RUES.
JEAN RICHEPIN.
87 bois en couleurs.
Imp. p. Ch. Hérissey, 1900.

N° 216.

NANTES EN DIX-NEUF CENT.
ANONYME.
PRÉFACE DE ROGER MARX.
55 bois et 5 eaux-fortes.
Imp. p. Lotz-Brissonneau, 1900.
Les planches ont été tirées sur la presse de A. Lepère.

—

N° 217.

LA BIÈVRE, LES GOBELINS, SAINT-SÉVERIN.
J.-K. HUYSMANS.
36 bois et 4 eaux-fortes.
*Imp. p. la « Société de propagation du Livre d'Art »,
1901.*

ET LA « SUITE DE 12 EAUX-FORTES »
A AJOUTER A CE VOLUME.

—

N° 218.

A REBOURS.
J.-K. HUYSMANS.
220 bois en couleurs.
Imp. p. les « Cent Bibliophiles », 1903.
Ce volume a été exécuté entièrement par A. Lepère.
Composition et impression : Féquet, pressier.

N° 219.

ÉLOGE DE LA FOLIE.
ÉRASME.
PRÉFACE DE GABRIEL HANOTAUX.
46 bois en couleurs.
Imp. p. les « Amis des Livres », 1906.
Ce volume a été exécuté entièrement par A. Lepère,
composition et impression ; Fequet, pressier.

—

N° 220.

DEUX CONTES.
MAUPASSANT.
84 bois tirés en couleurs.
Imp. p. la « Société Normande du Livre Illustré »,
1907.
Ce volume a été entièrement exécuté par A. Lepère,
composition et impression ; Fequet, pressier.

—

N° 221.

LES IMAGES DE PIERRE ᴅᴇ RONSARD
EN COURS D'IMPRESSION.

—

N° 222.

CATALOGUE DE L'EXPOSITION
DE A. LEPÈRE, 1908.
PRÉFACE DE ROGER MARX.
2 planches inédites : 1 eau-forte,
1 lithographie, nombreuses reproductions.
Imprimé par A. Lepère ; Fequet, pressier.

o —— La Bièvre et le
Quartier St-Séverin.

LES
RELIURES

N° 223.

LA MER, *○ ○ ○ ○ ○ ○*
Cuir incisé.
Relieur, Marius Michel.
App. à M. H. Beraldi.

—

N° 224.

PAYSAGES PARISIENS.

Cuir incisé.   Relieur, Carayon.
App. à M. Lotz-Brissonneau.

—

N° 225.

PARIS AU HASARD.

Cuir incisé.   Relieur, Carayon.
App. à M. Lotz-Brissonneau.

N° 226.

PARIS AU HASARD — *(les fumés).*

Cuir incisé.   Relieur, Carayon.

App. à M. Lotz-Brissonneau.

—

N° 227.

BOIS ET EAUX-FORTES.

Cuir incisé.   Relieur, Marius Michel.

App. à M. Claude-Lafontaine.

—

N° 228.

HISTOIRES EXTRAORDINAIRES.

Cuir incisé.   Relieur, Carayon.

App. à M. Charles Delafosse.

—

N° 229.

CANTIQUE DES CANTIQUES.

Relieur, Marius Michel.

App. à la Bibliothèque Nationale.

—

N° 230.

LA LÉGENDE DORÉE.

Plaque argent niellé.   Relieur, Lortic.

App. à M. Charles Delafosse.

N° 231.

DIMANCHES PARISIENS.

Cuir incisé.   Relieur, Carayon.
                    App. à M. Gallimard.

—

N° 232.

DIMANCHES PARISIENS.

Cuir incisé.   Relieur, Carayon.
                    App. à M. Ch. Delafosse.

—

N° 233.

FOIRES ET MARCHÉS NORMANDS.

Cuir incisé.   Relieur, Carayon.
                    App. à M. Raymond Claude-Lafontaine.

—

N° 234.

NANTES EN DIX-NEUF CENT.

Cuir incisé.   Relieur, Carayon.
                    App. à M. Lotz-Brissonneau.

—

N° 235.

LA BIÈVRE ET LE QUARTIER St-SÉVERIN.

Cuir incisé.   Relieur, Carayon.
                    App. à M. Lotz-Brissonneau.

N° 236.

A REBOURS.

Cuir incisé.
La mosaïque de l'encadrement a été exécutée
d'après les dessins de A. Lepère, par Carayon.

App. à M. Louis Barthou.

—

N° 237.

A REBOURS.

Cuir incisé.   Relieur, Carayon.

App. à M. G. Peignot.

—

N° 238.

A REBOURS.

Veau plein.   Relieur, Carayon.

App. à M. Hirsch.

—

N° 239.

ELOGE DE LA FOLIE.

Cuir incisé.   Relieur, Carayon.

—

N° 240.

FOIRES ET MARCHÉS NORMANDS.

Cuir incisé.   Relieur, Carayon.

App. à M. A. Vautier.

TABLE
DU TEXTE ET DES GRAVURES

L'exiguité de la Salle n'a pas permis d'exposer toutes les œuvres inscrites à ce catalogue.

ACHEVÉ D'IMPRIMER
SUR LA PRESSE DE
A. LEPÈRE
ÉMILE FEQUET, PRESSIER
LE 12 AVRIL 1908
PARIS.

—

Les Héliotypies ont été imprimées
par Marotte.

ERRATA

POUR LES ŒUVRES INDIQUÉES :
Appartient à M. Petit-Didier.

Lire : M. Petitdidier.

Au N° 128.

HISTOIRES EXTRAORDINAIRES
Cuir incisé.

Lire: Relieur, Lortic
au lieu de Carayon.

Au N° 132.

DIMANCHES PARISIENS
Cuir incisé.

Lire: Relieur, Lortic
au lieu de Carayon.

CATALOGUE

DES TRAVAUX EXPOSÉS

PAR

AUGUSTE LEPÈRE

Au Salon de la Société Nationale des Beaux-Arts, en 1908. — Du 15 Avril au 30 Juin.

PEINTURES DESSINS LIVRES

EAUX-FORTES BOIS RELIURES

PRÉFACE DE ROGER MARX

PARIS

CHEZ ANDRÉ MARTY

Rue Duroc, 24.

OU CHEZ SAGOT

39 *bis*, Rue de Châteaudun.

1908.

IL A ÉTÉ IMPRIMÉ
CENT CINQUANTE EXEMPLAIRES
DE CET OUVRAGE,

Dont 100 numérotés à la presse
et 50 numérotés à la main.

Ceux de 1 à 50 sont tirés
sur papier du Japon ancien;

De 51 à 100 sur vélin de
cuve spécialement fabriqué.

*— Seuls, ces cent exemplaires
comportent, en outre du tirage
ordinaire de l'eau-forte et de
la lithographie (inédites), une
épreuve de chaque planche avant
la lettre et avec remarque.*

De 101 à 150, les volumes
sont numérotés à la main,
ils ne sont pas destinés au
commerce.

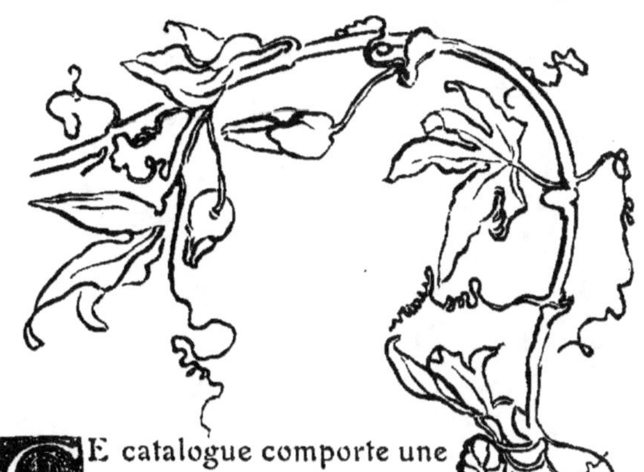

CE catalogue comporte une
préface de 22 pages par
ROGER MARX, et 80 pages de
catalogue, imprimées sur la presse de
A. LEPÈRE ; il est orné, de 2 planches
inédites (eau-forte et lithographie), de 10
reproductions hors-texte dont 8 en héliotypie
imprimées par Marotte ; plus, dans le texte,
de nombreuses planches regravées, des en-
têtes, des lettres ornées, des fleurons, etc.

PRIX :

Ex. sur Japon. . . . . 75 fr.

Ex. sur Hollande filigrané à l'  50 fr.

Les 50 exemplaires non mis dans
le commerce seront dédicacés et numérotés
à la main.

Achevé d'imprimer
sur la presse à bras
de Auguste Lepère,
E. Fequet, pressier.
Avril 1908.